AF310992

QUELQUES IDÉES

SUR LA LIBERTÉ

DE LA PRESSE.

PAR F. GUIZOT.

PARIS,

LE NORMANT, IMPRIMEUR-LIBRAIRE.

1814.

QUELQUES IDÉES

SUR LA

LIBERTÉ DE LA PRESSE.

———

JE viens de parcourir une grande partie de
la France; j'ai vu arriver dans les provinces
les premières nouvelles de cet événement
qu'on ne sauroit appeler une *révolution*, car
il n'a excité ni troubles, ni secousses; il n'a
paru que comme l'aurore inattendue d'un beau
jour succédant à une nuit orageuse, comme
l'espoir de la guérison et de la vie rendu à
vingt-cinq millions de malades qui sentoient
déjà les angoisses de la mort : quelques heures
auparavant, tous étoient accablés, consternés;
la douleur et l'effroi ne se manifestoient que
par un morne silence ou par une stérile agitation : les plus éclairés, les plus courageux,
ne pouvoient pénétrer l'avenir du lendemain,

ou n'osoient l'envisager : on s'abordoit sans avoir rien à se dire, on se quittoit sans s'être rien appris; le gouvernement avoit tenu les malheureux habitans des provinces dans une si profonde ignorance de ses projets, de ses mesures, de leur marche et de leurs résultats; il les avoit si audacieusement et si constamment trompés sur la situation politique et militaire de la France, il avoit si bien réussi à défigurer le présent et à masquer l'avenir, qu'ils étoient loin de prévoir sa chute. L'espérance défailloit chaque jour dans leur cœur ; ils n'entrevoyoient aucun remède à tant de calamités, aucune fin à tant de désastres, aucune issue à ce labyrinthe obscur dans lequel on les avoit jetés; nul n'osoit faire un pas, porter ses regards en avant; ils ne supposoient partout que vues hostiles, desseins odieux, et, dans cette déplorable ignorance, les maux qu'ils souffroient ne leur sembloient présager que des maux plus graves encore.

C'est au milieu de cet état d'épouvante, d'abattement, de stupeur, qu'a éclaté la bienheureuse nouvelle : au moment où l'espoir de la paix étoit presque complètement éteint, les Français ont appris que la guerre venoit

de cesser ; au moment où l'approche des ennemis les glaçoit d'effroi, ils ont appris qu'ils
n'avoient plus d'ennemis ; au moment où ils
étoient près de subir les derniers excès de
l'oppression, ils ont appris que l'oppresseur
avoit disparu : les mots de paix, de liberté,
d'alliés généreux, de souverain paternel,
ont retenti à la fois à leurs oreilles ; ils ont entendu avec surprise, ils ont écouté avec inquiétude ; ils sembloient craindre qu'une fausse
lueur ne les abusât ; ils cherchoient dans leurs
entretiens, dans leurs conjectures mutuelles,
de quoi soutenir leurs espérances ; chaque jour
leur en apportoit de nouveaux garans, et ils
doutoient encore : déjà le peuple se livroit
aux transports de la joie la plus vive, et les
hommes sages se demandoient encore si tant
de biens étoient possibles, s'ils n'étoient pas
de nouveau trompés.

Triste et inévitable effet du système de
mensonge et d'hypocrisie dont Buonaparte
avoit fait la base de tous ses rapports avec
ses sujets ! J'éprouve, je l'avoue, une sorte
de répugnance à accabler du poids de la vérité un homme à qui il n'est plus ni dangereux, ni utile de la dire ; le témoignage que

je puis me rendre de ne l'avoir jamais loué
durant sa puissance, ne me donne point, à
mes propres yeux, le droit de l'insulter après sa
chute ; mais, puisque les dominateurs des
nations sont destinés à fournir au monde
des leçons et des exemples, puisque Buonaparte tombé appartient désormais à l'histoire,
puisque la trace des maux qu'il nous a faits
subsiste encore et ne sera pas aisément effa-
cée, il n'est ni juste, ni possible de garder
le silence sur ces maux et sur leur auteur.
Complètement étranger aux idées et aux sentimens de son siècle, complètement indiffé-
rent sur les intérêts de son peuple, ou plutôt
nourrissant dans le secret de son âme un mépris profond pour ces intérêts, ces sentimens
et ces idées, cet homme avoit cependant cal-
culé la nécessité de cacher son indifférence
et son mépris ; seul de son avis, seul de sa
nature au milieu de la France, et déterminé
à ne jamais suivre que sa nature personnelle
et son propre avis, il n'osoit cependant pro-
clamer l'égoïsme de ses desseins et la bizarre-
rie de ses conceptions ; il empruntoit le
langage de son peuple et de son siècle, pour
tromper ce siècle et ce peuple sur ses véri-

tables vues ; il parloit sans cesse de paix à des hommes dont il vouloit faire une horde de guerriers errans, d'honneur national à une nation qu'il avilissoit chaque jour davantage, d'agriculture et de commerce, à des propriétaires, à des négocians qu'il ruinoit de plus en plus; et ces négocians, ces propriétaires, ce peuple entier, long-temps abusés par ses discours, avoient cependant fini par s'apercevoir que ce n'étoit là qu'un langage de convention qu'en dépit de son orgueil le despote étoit forcé d'adopter, pour dérober ainsi et ses projets et lui-même aux yeux de gens qui, s'il s'étoit montré sans voile, n'auroient voulu ni de lui, ni de ses projets.

Depuis long-temps l'artifice étoit devenu si évident, les faits démentoient si haut les paroles, que l'hypocrisie perdoit chaque jour quelque chose de sa puissance; les hommes éclairés savoient qu'ils ne devoient plus s'en laisser abuser; les simples s'étonnoient d'un contraste qu'ils ne s'expliquoient point. Cependant le mal avoit poussé de trop profondes racines pour que ceux même qui en connoissoient la cause pussent échapper à tous ses effets : le mensonge s'étoit entouré de tant d'appuis, avoit si bien enlacé tous ses fils, que son influence étoit encore prodigieuse ; les hommes même les plus décidés à ne rien croire de tout ce que disoit ou faisoit dire Buonaparte, finissoient par s'apercevoir qu'ils avoient encore trop cru. Pour se soustraire au pouvoir d'un fourbe, il ne suffit pas de savoir vaguement qu'il dit faux, il faut pouvoir connoître ce qui est vrai, et Buonaparte s'appliquoit encore plus à étouffer la vérité qu'à faire prévaloir le mensonge ; le silence universel le servoit mieux que tous ses discours ; il parloit seul, il parloit toujours, il parloit partout, et cet anéantissement de toutes les libertés, de toutes les voix, malgré le discrédit du maître, tenoit encore les sujets dans l'erreur.

C'est à cette cause qu'on doit attribuer l'étonnement dans lequel la rapidité de sa chute a jeté la plus grande partie de la France, et l'immobilité avec laquelle les provinces attendoient des événemens dont elles ne suivoient point la marche, dont elles ne prévoyoient point les résultats. Au sein de la nuit où les Français étoient plongés, ils s'épuisoient en conjectures vagues, en combi-

naisons dénuées de fondemens, et l'expérience de longues calamités tournoit toutes
leurs pensées du côté de la méfiance et de la
crainte ; nourris de cette idée générale qu'on
les avoit trompés , qu'on les trompoit, qu'on
les tromperoit encore , ils ne vouloient rien
croire , ils n'osoient rien faire ; ils se tenoient
à l'écart comme des gens uniquement oecupés
à se défendre de l'erreur ou du malheur, et
sans espoir de coopérer au bien, ou d'arriver
à la vérité.

Les tristes conséquences de cette situation
si long-temps prolongée sont incalculables,
et se prolongeront long-temps à leur tour : il
en est résulté chez les citoyens une habitude
de méfiance et de réserve qui ne sera pas
facile à guérir ; où ils verront le langage de
l'enthousiasme, ils soupçonneront la flatterie ;
quand on leur parlera de ce qui va bien, ils
croiront qu'on leur tait ce qui va mal ; leur
annoncera-t-on des mesures propres à assurer
le retour de la richesse publique? ils imagi-
neront qu'on veut les préparer à une augmen-
tation d'impôts ; dans ce qu'on leur dira, ils
chercheront à deviner ce qu'on ne leur dit
pas ; ils seront persuadés d'avance qu'on leur

cache quelque chose, et que ce qu'on leur cache tournera un jour contre eux ; les Français se sont accoutumés à penser qu'un gouvernement est nécessairement avide, nécessairement oppresseur, nécessairement en état de guerre avec ses sujets : la plupart des lois de Buonaparte les opprimoient ; la plupart de ses mesures leur devenoient funestes; ils en ont contracté l'opinion que chaque nouvelle loi est une nouvelle oppression, chaque nouvelle mesure, une source de nouveaux malheurs; ils regardent leurs intérêts, non-seulement comme étrangers, mais comme opposés à ceux du gouvernement, et il ne sera pas aisé de les convaincre que leur gouvernement ne s'occupe pas uniquement de ses intérêts, et que les leurs sont les mêmes que les siens.

Voilà quelle est la disposition des classes inférieures du peuple, des paysans, des artisans, des petits marchands des villes et des campagnes. Presque partout ils ont vu avec joie et avec espérance le retour de leurs anciens Rois : ils en ont attendu la cessation de la guerre, l'entière abolition de la conscription et des impôts, la suppression de toutes les gênes. Une femme du peuple, le lendemain de la nouvelle, vendoit ses légumes à faux poids, et répondoit à l'acheteuse qui s'en plaignoit : *Seriez-vous de ceux qui regrettent Buonaparte ? nous vendrons comme nous voudrons ; il n'y a plus de lois : vive le Roi !* Telles sont, dans la plupart des révolutions, les premières idées du peuple ; mais comme tout ce qu'il espère, tout ce qu'il demande, n'est ni possible ni désirable, dès qu'on exigera de lui qu'il se soumette aux lois et qu'il paie des impôts, il n'examinera point ce que sont ces impôts ou ces lois, se croira lésé comme auparavant, et retombera dans sa méfiance.

Quant aux classes plus éclairées, elles ne se livrent sans doute ni à ces folles espérances, ni à ces prétentions désordonnées ; mais le peu de compte que tenoit Buonaparte de leurs réclamations et de leurs opinions, l'insolence de son despotisme, la nullité à laquelle elles se sont vues condamnées, les ont presqu'entièrement détachées de la chose publique. Le soin que mettoit Buonaparte à maintenir cette nullité, me rappeloit sans cesse l'histoire de ce soldat traduit devant une commis-

sion militaire pour y être jugé à mort : il vouloit parler pour se défendre : *Tais-toi*, lui
dit un de ses juges, *cela ne te regarde pas.*
Les Français ne se sont que trop accoutumés
à croire que les affaires de leur gouvernement
ne les regardoient pas ; chacun s'est concentré
dans ses intérêts personnels, les a soutenus de
son mieux contre les empiétemens de ses
maîtres , et ne s'est plus inquiété de rien :
toute idée de devoir envers l'Etat, de dévouement à la patrie, s'est amortie dans les âmes ;
le despote méconnoissoit toutes ses obligations
envers les Français ; les Français ont oublié
les leurs envers la France : ils ne s'occupoient
plus des événemens politiques que comme
le pâtre s'occupe d'écarter les loups de son
troupeau , et le laboureur, l'inondation de
ses prairies. Quand ils avoient réussi à se pré-
server d'un mal particulier, peu leur impor-
toit le reste ; et loin de faire , dans aucun
cas , cause commune avec leur gouvernement, ils s'en écartoient pour s'en défendre ,
ou ne s'en rapprochoient que pour s'enrichir.

C'est ainsi que l'esprit public s'est graduellement éteint, que tous les sentimens désintéressés sont devenus, pour la plupart de

ridicules chimères, pour ceux qui les conser-
voient encore, un affreux supplice : un feu
dévorant s'étoit établi au milieu de la France;
les sacrifices sans cesse demandés aux Français n'étoient que des alimens fournis à ce feu
qui s'étendoit de jour en jour, et alloit con-
sumant les familles, les fortunes, l'existence
entière de ceux même qu'on obligeoit à l'entretenir : aussi toute demande de sacrifices
est devenue suspecte; tout nouvel effort a
paru l'annonce d'un nouveau malheur, et la
constante opposition d'un prétendu intérêt
public et de tous les intérêts particuliers, a
fait de la défense de ceux-ci l'unique objet de
l'attention comme du zèle des citoyens.

C'est cependant cet esprit public, c'est cet
attachement à la chose publique, ce sont ces
sentimens désintéressés qui deviennent aujour-
d'hui nécessaires : ne nous le dissimulons pas ;
le Roi qui revient parmi nous a besoin, pour
notre propre bonheur, de nos efforts et de
nos sacrifices; plus la joie a été vive, plus il
faut que le zèle y réponde; mais le zèle coûte
plus cher à prouver que la joie à manifester;
les transports d'un peuple montrent plutôt ce
qu'il attend que ce qu'il est disposé à faire;

c'est le témoignage de ses espérances plutôt que celui de son dévouement ; si le dévouement ne renaissoit pas, le gouvernement se verroit dans l'impossibilité de satisfaire ces espérances ; si la nation continuoit à se considérer comme séparée de son chef, si elle ne reprenoit pas l'habitude de se mettre de part dans tout ce qui le regarde, si une confiance réciproque ne les unissoit, si les Français se croyoient encore appelés à des sacrifices sans utilité pour eux, s'ils ne voyoient pas fructifier ces sacrifices, s'ils demeuroient encore étrangers dans leur propre cause, ignorans de leurs propres affaires, on seroit loin d'obtenir d'eux ce qu'il faut qu'on en obtienne ; l'indifférence et la méfiance ne cesseroient pas de régner : dans un moment où beaucoup d'intérêts seront inévitablement froissés, où beaucoup d'ambitions seront déçues, où l'affection pour le souverain, le respect pour les lois, l'obéissance à leurs ministres, la probité de tous les agens du pouvoir seront plus que jamais nécessaires ; ce n'est que de la résurrection de l'esprit public, du retour de l'activité nationale, du libre déploiement des plus nobles facultés, du concours de toutes les volontés, de toutes les forces, qu'on peut attendre ces indispensables prodiges.

Et qu'on ne s'y trompe pas : si l'on ne parvient à rétablir ce concours, cette union, cette confiance, nulle main n'est assez ferme, nulle volonté n'est assez puissante pour guérir les maux que nous a faits la démence d'un seul homme : ces maux sont partout, que partout soit le remède ; que nul ne puisse se croire inutile ; que tous se sentent appelés à coopérer au retour de l'ordre, de la prospérité publique ; ce n'est pas trop du zèle de tous les Français pour sauver la France ; que de partout la vérité arrive au souverain ; que les intentions du souverain trouvent partout des hommes disposés à les seconder, à les réaliser, et que ces hommes puissent concevoir l'espérance que leurs efforts ne demeureront pas infructueux : sans cette bonne volonté générale, sans cette facilité donnée aux travaux de tous les gens de bien, sans cet élan national, la détestable influence du gouvernement de Buonaparte durera plus long-temps que lui, et nous ne verrons point naître, au sein de la France, cette force morale qui peut seule, par son étendue et son libre développement, en détruire ou en arrêter les effets.

Quels sont donc les moyens de ranimer cette force, de réveiller cet esprit public, de fonder cette union, de rappeler cette confiance, de rendre enfin à la nation, et le sentiment de sa dignité, et la conscience de tout ce qu'elle peut faire pour concourir, avec son Roi, à la guérison de ses maux ?

Ces moyens sont simples, ils sont indiqués par l'expérience de tous les siècles, par les lumières du nôtre ; et la déclaration du Roi nous donne le droit d'espérer qu'on n'en négligera aucun. Il en est un en particulier, le plus important peut-être, sur lequel je vais hasarder quelques réflexions : je veux parler de *la liberté de la presse.*

Une grande partie des maux de la France, maux qui pourroient se prolonger beaucoup, si on ne les attaquoit pas dans leur source, tient, comme je viens de le dire, à l'ignorance à laquelle ont été condamnés les Français sur les affaires et la situation de l'Etat, au système de mensonge qu'avoit adopté un gouvernement qui avoit besoin de tout cacher, à l'indifférence et à la méfiance que cette obscurité et ce mensonge habituel avoient inspirées aux citoyens. C'est donc la vérité qu'il faut mettre au grand jour, c'est l'obscurité qu'il faut dissiper, si l'on veut rétablir la confiance et ranimer le zèle ; et il ne suffit pas que les intentions du gouvernement soient bonnes, que ses discours soient sincères, il faut encore que les sujets en soient persuadés, aient mille moyens de s'en convaincre : quand on a été long-temps trompé par un fourbe, on se méfie même d'un honnête homme, et tous nos proverbes sur la triste méfiance de la vieillesse reposent sur cette vérité. Qu'on n'espère donc pas que le changement seul du gouvernement rendra du zèle aux indifférens, de la confiance aux soupçonneux ; les Français attendent tout sans doute des bienfaisantes vues du Roi ; ils comptent avec raison sur la loyauté du petit-fils de Henri IV ; ils savent qu'on n'a intérêt à tromper que ceux que l'on craint, et que le Roi ne peut craindre un peuple dont le bonheur le plus vif sera de l'aimer ; mais ce peuple, si long-temps abusé, si long-temps traité comme une bête de somme qu'on mène sans lui dire où, qu'on frappe sans lui dire pourquoi, a besoin de voir la vérité arriver à lui de toutes parts ; il a toujours eu le droit de l'exiger ; maintenant il aura l'espoir de l'obtenir ; il la demandera avec inquiétude à ses représentans, à ses administrateurs, à tous ceux qu'il croira capables de la lui dire ; plus elle lui a été étrangère jusqu'ici, plus elle lui sera précieuse ; ce qu'il y aura de bien, il l'apprendra avec transport, dès qu'il sera sûr qu'il peut y croire ; ce qu'il y aura de fâcheux, il l'écoutera sans crainte, dès qu'il verra qu'on ne lui ôte point la liberté d'en dire son avis et de travailler ouvertement à y parer ; on ne se doute pas des embarras que dissipe la vérité, et des ressources qu'elle donne ; une nation à qui on prend soin de la cacher, croit aussitôt qu'on médite quelque chose contre elle, et se replie dans le soupçon ; quand on la lui montre, quand le gouvernement ne laisse voir qu'une noble confiance dans ses intentions et dans la bonne volonté des sujets, cette confiance excite la leur et réveille tout leur zèle. Louis XIV, convenant avec franchise de ses désastres et de la malheureuse situation de la France, déclarant avec courage qu'il étoit décidé à s'ensevelir sous les débris de la monarchie, plutôt que de signer une paix honteuse, ranima l'enthousiasme de son peuple, et en reçut les plus touchantes preuves de dévouement : cette sincérité n'est pas moins utile dans le cours ordinaire des choses, que dans un moment décisif : les Français, sûrs d'entendre la vérité et libres de la dire, perdront bientôt cette triste habitude de méfiance qui tuoit en eux toute estime de leur chef et tout dévouement à l'État : les plus insoucians reprendront un vif intérêt aux affaires publiques, quand ils verront qu'ils peuvent y prendre part ; les plus soupçonneux se guériront de leurs craintes quand ils ne vivront plus dans les ténèbres ; ils ne seront plus continuellement occupés à calculer combien ils doivent rabattre de toutes les paroles qu'on leur adresse, de tous les récits qu'on leur fait, de tous les tableaux qu'on leur présente, à démêler dans tout ce qui vient du trône, l'artifice, les desseins dangereux, les arrière-pensées ; c'est à cette triste étude que s'applique depuis dix ans en France l'esprit des hommes qui n'ont pu se résoudre à abandonner tout intérêt pour la chose publique ; et l'évidence du mensonge, se joignant à l'impossibilité de découvrir la vérité, faisoit pour eux de cette inquisition ; à la fois nécessaire et inutile, le supplice le plus cruel et le plus décourageant.

Une grande liberté de la presse peut seule faire cesser ce supplice, et, en ramenant la confiance, rendre à l'esprit public cette éner- gie dont le Roi, comme la nation, ne sau- roient se passer ; c'est la vie de l'âme qu'il faut réveiller dans ce peuple en qui le despo- tisme travailloit à l'éteindre ; cette vie est dans le libre mouvement de la pensée, et la pensée ne se meut, ne se développe librement qu'au grand jour : personne en France ne peut plus redouter l'oppression sous laquelle nous avons vécu depuis dix ans ; mais si l'immobilité qu'entraîne la foiblesse succédoit à celle qu'im- pose la tyrannie, si le poids d'une agitation terrible et muette n'étoit remplacé que par la langueur du repos, on ne verroit point re- naître en France cette activité nationale, cette disposition bienveillante et courageuse qui fait des sacrifices un devoir, enfin cette con- fiance dans le souverain dont le besoin se fera sentir chaque jour ; on n'obtiendroit de la nation qu'une tranquillité stérile dont l'insuf- fisance obligeroit peut-être à recourir à des

moyens funestes pour elle-même, et bien éloignés des intentions paternelles de son Roi.

Qu'on adopte, au contraire, un système
de liberté et de franchise ; que la vérité circule
librement du trône aux sujets et des sujets au
trône ; que les routes soient ouvertes à ceux
qui doivent la dire, à ceux qui ont besoin de
la savoir, on verra l'apathie se dissiper, la méfiance disparoître, et le dévouement rendu
général et facile par la certitude de sa nécessité et de son utilité.

Malheureusement nous avons fait, dans les
vingt-cinq années qui viennent de s'écouler,
un si déplorable abus des bonnes choses, qu'il
suffit aujourd'hui d'en prononcer le nom pour
réveiller les plus tristes craintes. On ne veut
pas tenir compte de la différence des temps,
des situations, de la marche des opinions, de
la disposition des esprits : on regarde comme
toujours dangereux ce qui a été une fois funeste ; on pense et on agit comme feroient des
mères qui, pour avoir vu tomber l'enfant,
voudroient empêcher le jeune homme de
marcher. Je n'examinerai point cette idée sous
un point de vue général ; j'ai cherché à mon-
trer que la liberté de la presse, juste en elle-

même, étoit aujourd'hui nécessaire ; je vais essayer d'en discuter les inconvéniens, en la considérant toujours dans ses rapports avec les circonstances actuelles ; et si ces inconvéniens paroissent assez graves pour exiger qu'on y apporte quelques restrictions, je tâcherai de découvrir quel est le mode de limitation le plus propre à concilier à la fois ce qu'exige la justice, ce que demandent les besoins du moment, et ce que conseille la prudence.

Ce que la France désire, ce qu'elle appelle de tous ses vœux, c'est l'ordre et le repos. Fatiguée des agitations terribles du despotisme révolutionnaire et du poids accablant de celui de Buonaparte, elle ne demande qu'un état de choses où elle puisse jouir sans obstacle du bonheur de la journée, et préparer sans crainte celui du lendemain. Autrefois, les espérances alloient aussi loin que les désirs ; maintenant, les désirs mêmes se sont fort restreints, et encore dépassent-ils de beaucoup les espérances. Le temps des rêves est passé ; la nation se méfie de tout ce qui pourroit la jeter dans les incertitudes de l'avenir ; elle a un vif sentiment de ses erreurs et des maux que sa propre déraison a attirés sur elle ; peut-être même ne connoît-elle pas toutes les ressources qui lui restent, tout ce qu'elle vaut encore; peut-être sa défiance d'elle - même est - elle poussée à l'excès : ce qu'il y a de certain, c'est qu'elle redoute pardessus tout ce qui la plongeroit dans de nouveaux troubles. On se tromperoit fort si l'on vouloit la juger à cet égard, d'après le mouvement de toutes ces ambitions, la multitude de toutes ces prétentions qui se concentrent dans Paris. Si elle étoit chargée de leur répondre, elle les repousseroit avec crainte; elle diroit à ces hommes si agités : « Ah! n'apportez point d'obstacles au retour de la tranquillité et de l'ordre; contenez vos ambitions, réduisez vos prétentions; que nous n'entendions point d'autre langage que celui de la raison et de la justice; elles peuvent seules guérir les maux du passé, fonder les biens de l'avenir. Laissez-nous discuter avec calme nos intérêts, nos devoirs, nos droits; mettez de côté tout esprit de parti, tout ce qui pourroit nous diviser; unissons notre zèle et nos lumières, et ne songeons qu'à rendre facile et honorable pour tous, un repos dont tous ont besoin. »

Voilà ce que diroit la France; voilà ce que

j'ai entendu partout. La raison peut seule aujourd'hui acquérir un pouvoir réel et durable ; on est en garde contre tous les prestiges ; partout on croit voir un piége ou un danger ; on ne parle que de modération, même sans comprendre ce que ce mot vent dire ; dès qu'on approche de quelque opinion extrême, on se croit déjà dans l'abîme : une sorte de sagesse timide, fruit de l'expérience plutôt que de la réflexion , règne dans tous les esprits et en écarte toute prétention téméraire , toute espérance exagérée : on se méfie de l'éloquence, de l'enthousiasme ; celui qui en prendroit le ton, loin d'entraîner, inspireroit d'avance un préjugé défavorable : on est disposé à regarder la véhémence comme le langage de l'erreur, et un homme qui chercheroit à émouvoir les passions, à saisir l'imagination, n'obtiendroit que peu de crédit.

Cette disposition est générale ; on la retrouve sous toutes les formes ; et ceux qui l'ont bien observée auront peu de peine à se convaincre qu'une entière liberté de la presse seroit aujourd'hui, du moins sous le rapport politique, presque sans aucun danger : ceux qui la redoutent, se croient encore au commencement de notre révolution, à cette époque où toutes les passions ne demandoient qu'à éclater, où la violence étoit populaire, où la raison n'obtenoit qu'un sourire dédaigneux. Rien ne se ressemble moins que ce temps et le nôtre ; et de cela même qu'une liberté illimitée a causé alors les maux les plus funestes, on peut inférer, si je ne me trompe, qu'elle en entraîneroit fort peu aujourd'hui.

Cependant, comme beaucoup de gens paroissent la craindre, comme je n'oserois affirmer qu'elle ne pût être suivie de quelques inconvéniens plus fâcheux par l'effroi qu'ils inspireroient que par les suites réelles qu'ils pourroient amener, comme, dans l'état où nous nous trouvons, sans guide dans l'expérience du passé, sans données pour l'avenir, il est naturel de ne vouloir marcher qu'avec précaution, comme l'esprit même de la nation semble indiquer qu'à tous égards, la circonspection est nécessaire, l'avis de ceux qui pensent qu'il y faut mettre quelques restrictions, doit peut-être prévaloir. Depuis vingt-cinq ans, la nation est si étrangère aux habitudes d'une vraie liberté, elle a passé à travers tant de despotismes différens, et le dernier a été si lourd, qu'on peut redouter, en la lui rendant, plutôt son inexpérience que son impétuosité; elle ne songeroit pas à attaquer, mais peut-être aussi ne sauroit-elle pas se défendre; et, au milieu de la foiblesse universelle , au milieu de ce besoin d'ordre et de paix qui se fait surtout sentir, au milieu de la collision de tant d'intérêts divers qu'il importe également de ménager, le gouvernement peut désirer avec raison d'éviter encore ces apparences de choc et de trouble qui seroient peut-être sans importance , mais dont l'imagination seroit disposée à s'exagérer le danger.

La question se réduit donc à savoir quelles sont, dans les circonstances actuelles, les causes qui doivent engager à contenir la liberté de la presse, par quelles restrictions conformes à la nature de ces causes on peut la contenir sans la détruire, et comment on pourra arriver graduellement à lever ces restrictions maintenant jugées nécessaires.

Toute liberté est placée entre l'oppression et la licence ; la liberté de l'homme, dans l'état social , étant nécessairement restreinte par quelques règles, l'abus et l'oubli de ces règles

sont également dangereux ; mais les circonstances qui exposent la société à l'un ou à
l'autre de ces dangers, ne sont point les mêmes:
dans un gouvernement bien établi et solide-
ment constitué, le danger contre lequel doivent lutter les amis de la liberté , c'est celui
de l'oppression : tout y est combiné pour le
maintien des lois , tout y tend à entretenir
une vigueur de discipline contre laquelle
chaque individu doit travailler à soutenir la
portion de liberté qui lui est due ; la fonction du gouvernement est de maintenir l'ordre,
celle des gouvernés de veiller à la liberté.

L'état des choses est tout différent dans un
gouvernement qui commence : s'il succède à
une époque de malheur et de trouble , où la
morale et la raison aient été également per-
verties , où toutes les passions se soient dé-
ployées sans frein, où tous les intérêts se soient
étalés sans honte, alors l'oppression est au
nombre des dangers qu'il faut seulement prévenir , et la licence est celui contre lequel il
faut lutter. Le gouvernement n'a pas encore
toute sa force; il n'est pas encore nanti de
tous les moyens qu'on doit remettre en sa
puissance pour maintenir l'ordre et la règle ;

avant de les avoir tous, il se gardera bien
d'abuser de quelques-uns; et les gouvernés
qui n'ont pas encore tous les avantages de
l'ordre, veulent avoir tous ceux du désordre;
on n'est pas encore assez assuré de sa propre
tranquillité pour craindre de troubler celle
des autres; chacun se hâte de porter le coup
qu'il est exposé à recevoir; on offense avec
impunité des lois qui n'ont pas encore prévu
tous les moyens qu'on pourroit prendre pour
les éluder; on brave sans danger des autorités qui n'ont pas encore, pour se soutenir,
l'expérience du bonheur qu'on a goûté sous
leurs auspices : c'est alors contre les entreprises
particulières qu'il faut faire sentinelle ; c'est
alors qu'il faut garantir la liberté des outrages
de la licence, et quelquefois tâcher d'empêcher ce qu'un gouvernement fort , bien sûr
qu'on lui obéira , se contente de défendre.

Ainsi l'entière liberté de la presse, sans
inconvénient dans un Etat libre, heureux et
fortement constitué , peut en avoir dans un
Etat qui se forme, et où les citoyens ont besoin d'apprendre la liberté comme le bonheur;
là, il n'y a nul danger à ce que chacun puisse
tout dire, parce que, si l'ordre de choses est

bon , la plupart des membres de la société seront disposés à le défendre , et parce que la nation , éclairée par son bonheur même , se laissera difficilement entraîner à la poursuite d'un mieux toujours possible , mais toujours incertain ; ici, au contraire, les passions et les intérêts des individus divergent en différens sens , tous plus ou moins éloignés de l'intérêt public ; cet intérêt n'est pas encore assez connu pour que ceux qui veulent le soutenir sachent bien où le trouver ; l'esprit public n'est encore ni formé par le bonheur, ni éclairé par l'expérience ; il n'existe donc dans la nation que très-peu de barrières contre le mauvais esprit, tandis qu'il existe dans le gouvernement beaucoup de lacunes par où peut s'introduire le désordre : toutes les ambitions se réveillent, et aucune ne sait à quoi se fixer ; tous cherchent leur place, et nul n'est sûr de l'obtenir ; le bon sens qui n'invente rien, mais qui sait choisir, n'a point de règle fixe à laquelle il puisse s'attacher ; la multitude ébahie que rien ne dirige, et qui n'a pas encore appris à se diriger elle-même ; ne sait quel guide elle doit suivre ; et , au milieu de tant d'idées contradictoires , incapable de démêler le vrai du faux, le moindre mal est qu'elle prenne son parti de rester dans son ignorance et sa stupidité. Quand les lumières sont encore très-peu répandues, la licence de la presse devient donc un véritable obstacle à leurs progrès ; les hommes peu accoutumés à raisonner sur certaines matières , peu riches en connoissances positives, reçoivent trop facilement l'erreur qui leur arrive de toutes parts, et ne distinguent pas assez promptement la vérité qu'on leur présente ; de là naissent une foule d'idées fausses, indigestes, de jugemens adoptés sans examen, et une science prétendue d'autant plus fâcheuse, que, s'emparant de la place que devroit tenir la raison seule , elle lui en interdit long-temps l'accès.

C'est de cette science si mal acquise que la révolution nous a prouvé le danger ; c'est de ce danger que nous devons nous défendre : il faut le dire , le malheur nous a rendus plus sages ; mais le despotisme des dix dernières années a étouffé , pour une grande partie des Français , les lumières que nous en aurions pu tirer : quelques hommes sans doute ont continué à réfléchir, à observer, à étudier ; ils se sont éclairés par le despotisme même qui

les opprimoit ; mais la nation en général ,
écrasée et malheureuse, s'est vue arrêtée dans
le développement de ses facultés intellectuelles.
Quand on y regarde de près, on est étonné
et presque honteux de son irréflexion et de
son ignorance : elle éprouve le besoin d'en
sortir ; le joug le plus oppressif a pu et pourroit encore seul la réduire quelque temps au
silence et à l'inaction ; mais il lui faut des
soutiens , des guides, et, après tant d'expé-
riences imprudentes, pour l'intérêt même de
la raison et des lumières, la liberté de la
presse , dont nous n'avons jamais joui, doit
être doucement essayée.

Envisagées sous ce point de vue , les restrictions qu'on pourra y apporter effraieront
moins les amis de la vérité et de la justice ;
ils n'y verront qu'une concession faite aux
circonstances actuelles , dictée par l'intérêt
même de la nation ; et si l'on prend soin de
borner cette concession de manière à ce qu'elle
ne puisse jama is devenir dangereuse ; si , en
établissant une digue contre la licence, on
laisse toujours une porte ouverte à la liberté ;
si le but des restrictions n'est évidemment
que de mettre le peuple français en état de

s'en passer et d'arriver un jour à la liberté entière ; si elles sont combinées et modifiées de telle sorte que cette liberté puisse toujours aller croissant à mesure que la nation deviendra plus capable d'en faire un bon usage ; enfin, si, au lieu d'entraver les progrès de l'esprit humain, elles ne sont propres qu'à en assurer, à en diriger la marche, les hommes les plus éclairés, loin de s'en plaindre comme d'une atteinte portée aux principes de la justice, y verront une mesure de prudence, une garantie de l'ordre public, et un nouveau motif d'espérer que le bouleversement de cet ordre ne viendra plus troubler et retarder la nation française dans la carrière de la vérité et de la raison.

C'est dans cette intention que doivent être conçues toutes les lois relatives à la liberté de la presse ; c'est vers ce but qu'elles doivent tendre, si on veut qu'elles ne soient ni illusoires, ni tyranniques : comment peut-on espérer de l'atteindre ?

Ici, je l'avoue, se présentent toutes les difficultés qui sont inévitablement attachées à la conciliation d'une liberté légitime avec des gênes nécessaires : aussi ne me hasardai-je, qu'en hésitant , à proposer quelques idées propres, sinon à résoudre ces difficultés, du moins à éclaircir le problème : rien n'est plus malaisé que de combiner les détails ou de prévoir les résultats des mesures de législation ou d'administration ; l'embarras est encore plus grand aujourd'hui ; les attributions des divers pouvoirs qui doivent former notre gouvernement ne sont pas fixées ; nous ne connoissons pas encore le jeu de la machine qui doit résulter de leur union ; nous manquons des données positives qui doivent servir de base aux raisonnemens , et de l'expérience qui les rectifie. Qu'on ne suppose donc pas que j'attache quelque importance à des idées jetées presqu'au hasard ; je serois trop heureux qu'on y trouvât quelque chose d'utile pour que ce désir ne me fasse pas surmonter la crainte que j'éprouve en les énonçant.

Quand la liberté de la presse est illimitée, c'est aux tribunaux qu'appartient la connoissance des délits auxquels elle peut donner lieu, et les lois fixent les peines attachées à ces délits : lorsqu'on croit devoir y apporter quelques restrictions , c'est à prévenir les délits ou les dangers qu'elles doivent tendre ;

une censure préalable est donc alors le seul moyen à employer.

Mais la censure présente deux difficultés qu'il est mal aisé de résoudre. De quelque manière qu'elle soit organisée, il faudra, ou s'en remettre complétement à l'opinion des censeurs, ou leur donner des règles fixes, d'après lesquelles ils puissent approuver ou défendre : qu'arrivera-t-il dans les deux cas ?

Si on laisse le censeur parfaitement libre , le voilà dans sa petite sphère un véritable despote ; son caractère et ses opinions décideront du sort de la liberté : s'il est un imbécille, et que l'auteur qui lui sera soumis se trouve être un homme de génie , ils ne pourront se comprendre , et le despotisme sera terrible : si, à côté de ce censeur imbécille , se trouve un censeur , homme de sens, éclairé , rempli de bonnes intentions ; si à côté de celui-ci se trouve un brouillon, un mécontent, un homme mal intentionné , on verra peut-être le même jour, sur la même question, un ouvrage utile défendu, un ouvrage utile permis , et un ouvrage dangereux imprimé ; alors la censure sera comme n'existant pas, et la liberté n'en existera pas davantage ; il n'y aura plus de liberté , puisqu'elle sera enchaînée sur un point; il n'y aura plus de répression, puisque la licence trouvera un point par où elle pourra se faire jour.

Si on donne aux censeurs une règle quelconque à laquelle ils soient tenus de se conformer, restera encore cet arbitraire individuel, résultat du caractère du censeur qui, plus ou moins timide, plus ou moins hardi, étendra ou resserrera la latitude des règles qui lui auront été prescrites; cet arbitraire, à la vérité, sera moindre que dans le premier cas ; mais cette limitation tournera au profit de l'autorité, et non de la liberté; on courra beaucoup moins le risque de voir imprimer des ouvrages dangereux , et beaucoup plus celui de voir supprimer des ouvrages utiles ; la liberté n'aura plus de refuge, même chez le censeur le plus éclairé et le plus raisonnable; car, s'il a reçu des ordres déraisonnables , il sera , jusqu'à un certain point, obligé de les exécuter, et ce danger augmentera tous les jours : le premier empiétement rend le second bien plus facile ; un homme à qui on aura trouvé le moyen de lier un bras, sera bien plus aisément privé de l'autre , et ce ne sera plus une affaire ensuite que de le garrotter de la tête aux pieds.

A-t-on bien examiné, d'ailleurs, s'il étoit possible de donner des règles positives sur la manière de juger les ouvrages? Pour moi je ne connois que deux moyens d'y parvenir, le despotisme de Buonaparte, ou la prescience de tout ce que pourra produire la pensée humaine : tout défendre ou tout prévoir, voilà les seuls expédiens par lesquels on puisse faire disparoître l'arbitraire dans l'exercice de la censure. Il est donc évident qu'aujourd'hui la censure sera nécessairement arbitraire.

On croira peut-être y remédier en rendant responsables, ou les censeurs , ou le directeur de la librairie , ou le ministre dans le ressort duquel seront classées leurs attributions : mais sur quoi appuyer la responsabilité d'une autorité arbitraire? Sur quoi juger une autorité à laquelle on n'a pu prescrire d'avance aucune règle, qui ne connoît aucune loi d'après laquelle elle soit obligée d'agir? Il seroit souverainement injuste, souverainement absurde qu'un censeur , un directeur de la librairie , un ministre, pussent être accusés , poursuivis, pour avoir permis ou défendu un livre ; car ils ont cru bien faire , ils ont suivi leur opinion, et rien n'avoit fixé pour eux l'opinion qu'ils devoient avoir. Encore moins peut-on juger le censeur sur le mal qu'a produit le livre qu'il a permis, sur le bien qu'auroit pu faire celui qu'il a défendu ; ce qu'il a pu préjuger sur cet effet tient encore à sa manière de voir ; et qui peut le rendre responsable de sa manière de voir? Un censeur est donc nécessairement un homme laissé , dans la plus grande partie de ses fonctions, à ses propres lumières, à sa propre volonté, et qui ne doit être sujet à aucune peine légale pour les avoir suivies ; l'exercice d'une censure définitive et péremptoire est donc , par cela seul , hors des limites de l'autorité administrative reconnue responsable.

On ne peut donc donner au censeur que le droit de suspendre ; ce droit suffit pour écarter les inconvéniens de la licence ; poussé plus loin , il détruiroit inévitablement et sans remède toute liberté : encore désirerois-je que le droit de suspension ne fût pas accordé à un censeur tout seul ; lorsqu'il pensera qu'un livre ne peut être imprimé , il en fera son rapport à une commission composée des cen-

seurs, ou d'un certain nombre d'entr'eux renouvelés par tour, et présidée par le directeur de la librairie ; là, l'auteur sera admis à
défendre son ouvrage, à discuter les change-
mens qu'on lui propose ; et, s'il ne les accepte
pas, la publication de son ouvrage sera de
nouveau suspendue.

Reste à savoir maintenant qui sera chargé
de lever ou de confirmer cette suspension.

Cette fonction ne peut être confiée à aucune autorité administrative, car elles sont
toutes essentiellement responsables ; on ne
sauroit raisonnablement, dans le cas qui nous
occupe, les soumettre à cette responsabilité,
et cependant la liberté de la presse est trop
importante pour qu'on leur abandonne le pouvoir de la régler définitivement, selon leur
opinion ou leur intérêt.

C'est donc aux corps entre lesquels se par-
tage le pouvoir législatif, à ceux qui sont spé-
cialement chargés de surveiller l'administration et de défendre toutes les libertés de
l'Etat, qu'appartient le droit de statuer en
dernier ressort sur les affaires de ce genre ;
c'est donc à des délégués du Roi et des deux
chambres législatives que doit être remis le

soin de juger de l'administration des censeurs, comme de celle des ministres , sans cependant les soumettre à la même responsabilité.

Quelques personnes m'ont paru penser qu'on devroit établir une commission permanente, prise , soit dans la chambre du sénat, soit dans celle des députés des départemens, et chargée de prononcer sur le recours des auteurs qui réclameroient contre la censure : il me semble qu'on pourroit régler ce recours d'une manière plus simple ; sans parler de la difficulté de donner une fonction permanente à des hommes qui ne sont appelés à s'occuper des affaires publiques qu'à de certaines époques et pendant un certain temps ; je crois que cette lutte constante, ce conflit de tous les jours entre les écrivains et la commission, d'une part, et les censeurs, de l'autre, auroient des inconvéniens réels. Il faut sans doute laisser toujours à la liberté des protecteurs et un refuge ; mais il faut craindre aussi de fonder et de perpétuer une série de combats non interrompus. Je voudrois donc qu'au lieu de cela, à chaque session des deux chambres , c'est-à-dire, tous les ans, elles nommassent l'une et l'autre un certain nombre

de membres pris dans leur sein ; qu'à ces
membres fussent adjoints quelques commissaires du Roi, de telle sorte cependant que
le nombre des sénateurs et des députés des
départemens réunis excédât celui des délégués royaux, et que la réunion de ces ar-
bitres formât une commission chargée de
recevoir et d'examiner le rendu-compte an-
nuel du directeur de la librairie, c'est-à-dire
la liste des ouvrages que les censeurs auroient
jugé à propos de suspendre pendant le cours
de l'année, et un extrait des motifs qui les
auroient déterminés à ordonner cette suspension : l'auteur qui aura réclamé enverra son
manuscrit à cette commission , et elle pourra
en lever ou en prononcer de nouveau la suspension. Quand la suspension aura été pro-
noncée une seconde fois, l'auteur ne pourra
plus exercer de recours pendant un certain
nombre d'années ; mais au bout de ce temps ,
après cinq ans, par exemple, la chambre des
députés des départemens, prenant en considération la diversité des circonstances , les
progrès de l'opinion, etc. pourra, si elle le
juge convenable , demander la révision des
lois relatives à la liberté de la presse , et le

rappel des suspensions qui, maintenues jusqu'alors, ne paroîtront plus nécessaires : cette
révision d'époque en époque, utile pour toutes
les lois qui , si elles étoient immuables, fini-
roient toujours par devenir absurdes , est indispensable surtout pour celles qui se rap-
portent à la liberté de la presse, parce que ce
sont celles que l'esprit des temps et l'état de la
nation doivent le plus modifier.

On craindra peut-être le nombre des insi-
gnifiantes discussions dont l'amour-propre des
auteurs, si difficile à convaincre, si impossible
à décourager, pourra surcharger la commission : on se tromperoit ; la tendresse d'un auteur expose rarement son ouvrage aux chicanes
de l'autorité ; il sacrifiera la moitié de sa pensée plutôt que d'avoir à craindre de ne pas la
dire du tout ; il aura soin de prévoir et d'é-
viter les objections qui pourroient au moins
l'arrêter. Sous Buonaparte, la circonspection
des auteurs en étoit venue à surpasser celle
des censeurs eux-mêmes ; et si l'on pouvoit
donner des règles précises, les auteurs les
observeroient si bien, que la censure n'auroit plus rien à faire. On ne sait pas assez, je
le répète, à quel point la nation est disposée

aujourd'hui à la circonspection, à la réserve, et combien elle seroit sourde à la voix de ceux qui tenteroient de l'en faire sortir.

D'autres personnes verront, dans ce droit de suspension donné à l'administration de la librairie, un véritable droit d'empêcher. Il est certain que retarder l'impression d'un ouvrage, c'est souvent en détruire l'effet et l'intérêt. Je reconnois cet inconvénient, et il me paroît difficile à éviter. Mais qu'on y songe bien : ces effets si prompts, résultats de l'esprit et de l'entraînement du moment, ne sont pas les plus avantageux à produire, et sont les seuls qui puissent être dangereux : c'est ainsi que triomphe souvent le mensonge; c'est rarement ainsi que se fait connoître la vérité; elle ne perd rien pour attendre, et un retard de quelques mois ne peut nuire à une vérité de tous les temps; qu'arrivera-t-il donc de ce retard ? Quelques pamphlets supprimés, quelques passions réduites au silence; je ne vois rien là de fort regrettable. D'ailleurs, en reconnoissant l'inconvénient, je le crois moindre que celui de laisser les auteurs sans recours, en les soumettant à une décision définitive, plus prompte, mais plus arbitraire.

On pourroit aussi, ce me semble, accorder aux censeurs le droit de ne pas ordonner la suspension, quand elle leur paroîtroit trop rigoureuse, en déclarant à l'auteur qu'on lui permet d'imprimer son livre, mais qu'on ne sauroit l'approuver, et qu'il est le maître de s'exposer, en le publiant, aux poursuites du ministère public ou des particuliers qui se croiront en droit de les lui intenter. Ces sortes de *permissions tacites*, usitées long-temps avant la Révolution, sont applicables à une foule de cas où il seroit absurde de défendre, où il n'est pas convenable d'approuver; sous le rapport des mœurs, par exemple, il est un degré d'obscénité qu'on ne peut permettre ; mais on ne sauroit, sans pédanterie, arrêter tout ce qu'un censeur hésiteroit à revêtir de sa grave approbation. Si, sans laisser une libre carrière aux libelles, on juge cependant à propos de ne pas interdire tout droit d'attaque personnelle, sans lequel il n'y auroit ni vérité, ni liberté, faudra-t-il que le censeur, par son approbation, se mette de part dans l'insulte dont croira avoir à se plaindre l'individu attaqué? Une telle nécessité seroit absurde ; la tolérance, précédée au besoin d'un avis de

désapprobation, est le seul moyen de la prévenir ; et cette tolérance n'aura pas l'inconvénient qu'avoient autrefois les permissions tacites : ces permissions indiquoient de la
foiblesse ; on permettoit secrètement ce qu'on
ne pouvoit empêcher ; une tolérance franche
annoncera simplement qu'on permet, sans l'approuver, ce qu'on ne pense pas devoir défendre.

Du reste, les cas qui exigeront cette marque
de désapprobation deviendront rares, si ,
comme je le crois sage , les auteurs et les
imprimeurs ne sont pas obligés de placer à
la tête ou à la fin de leurs livres la formule
d'approbation du censeur. Le despotisme de
Buonaparte avoit épargné à la littérature cette
marque d'asservissement. Que la censure s'applique à empêcher la licence, mais qu'elle n'étale
pas son pouvoir ; que son autorisation soit de
rigueur, mais que cette autorisation ne sorte pas
des bureaux de la direction et de ceux des
libraires ; que l'autorité n'oblige pas même ce
qu'elle approuve à porter l'empreinte de son
sceau : elle peut atteindre son but sans cette
empreinte ; et, en fait de gênes réelles ou appa-
rentes, tout ce qui n'est pas nécessaire est au
moins inutile.

Je crois aussi que le censeur peut, sans inconvénient, permettre l'impression des ouvrages, sans être tenu d'en faire son rapport au directeur général, et d'obtenir son autorisation. Les censeurs, nommés par le gouvernement, et pouvant être destitués par lui, auront assez d'intérêt à ne pas lui déplaire : d'ailleurs, si jamais il fut nécessaire de simplifier la marche de l'administration, c'est dans un temps où le nombre des affaires est si grand, où les frais de bureaux sont si considérables, qu'on ne sauroit saisir avec trop d'empressement tous les moyens de diminuer les dépenses, et d'éviter les lenteurs.

En cas de doute, le censeur consultera le directeur, ou la commission censoriale, et s'en fera autoriser.

Je n'ai pas besoin de dire qu'à l'exception des cas où l'approbation aura été refusée, quoique ce refus n'ait pas entraîné une suspension expresse, et que l'auteur soit demeuré libre d'imprimer à ses risques et périls, la censure préalable doit mettre l'auteur et son ouvrage à l'abri de toute poursuite de la part du gouvernement : si le censeur a eu tort d'autoriser, c'est un ministre qu'on peut destituer, mais dont la faute ne doit retomber que sur lui seul. L'auteur ne sera plus alors responsable que des choses qui pourroient offenser les particuliers, et les particuliers seuls seront admis à le poursuivre.

En résumant et resserrant ces idées, voici, ce me semble, les principaux points qu'on pourroit établir comme bases de la législation de la liberté de la presse.

1°. Aucun ouvrage ne pourra être imprimé sans l'autorisation de l'un des censeurs nommés par le Roi, et chargés d'examiner les manuscrits qui seront remis à la direction générale de la librairie.

2°. L'impression pourra se faire sur une simple autorisation du censeur, adressée au libraire ; cette autorisation n'aura pas besoin d'être annexée à l'ouvrage imprimé.

3°. Si le censeur ne trouve pas dans l'ouvrage de motifs suffisans pour en arrêter la publication, et qu'il ne croie cependant pas devoir l'autoriser, il déclarera simplement à l'auteur qu'il est libre de le faire imprimer à ses risques et périls ; et cette marque de désapprobation privera l'auteur de la garantie publique.

4°. Le censeur pourra, s'il le juge nécessaire, suspendre l'impression de l'ouvrage ;
mais cette suspension ne pourra être considérée comme définitive. Le censeur qui croira
devoir l'ordonner sera tenu d'en faire sur-le-
champ son rapport à une commission composée, soit de tous les censeurs, soit d'un
certain nombre d'entr'eux renouvelés par tour,
et présidée par le directeur de la librairie.
L'auteur sera admis à défendre son ouvrage
devant cette commission, qui en suspendra
ou en autorisera la publication, à la pluralité
des voix.

5°. A chaque session des chambres législatives, sera formée une commission composée
de trois sénateurs, de quatre députés des
départemens, élus par leurs chambres res-
pectives, et de six commissaires nommés
ad hoc par le Roi.

6°. Le directeur de la librairie enverra
annuellement à cette commission la liste des
ouvrages dont l'impression aura été suspendue,
ainsi que les rapports par lesquels les censeurs
auront motivé la suspension.

7°. Les auteurs qui se croiront en droit de
réclamer contre la suspension, adresseront

leur réclamation à la commission, en y joignant leur manuscrit.

8°. La commission, après avoir pris connoissance des rapports des censeurs et des manuscrits, confirmera ou lèvera la suspension, à la pluralité des voix.

9°. La commission sera renouvelée tous les ans; mais l'auteur dont le manuscrit aura été de nouveau suspendu par elle, ne pourra exercer un second recours devant une seconde commission.

10°. Tous les cinq ans seulement, la chambre des députés des départemens pourra, si elle le juge convenable, demander la révision des lois relatives à la liberté de la presse, et le rappel des suspensions qui auront été maintenues jusqu'alors : la demande de ces rappels devra être motivée sur la réclamation des auteurs, appuyée de la signature d'un certain nombre de députés de la chambre, et admise tous les cinq ans seulement.

11°. L'autorisation du censeur met l'auteur et son ouvrage à l'abri de toute poursuite de la part du ministère public, et ne le laisse exposé qu'aux poursuites juridiques des particuliers qui se croiroient en droit de se plaindre de son livre.

On aura à régler aussi le mode de l'exercice de la censure dans les provinces ; il seroit
absurde de contraindre leurs habitans à ne
rien imprimer sans avoir envoyé leurs manuscrits à Paris, et en avoir reçu une autorisation ;
cette nécessité de recourir toujours à Paris,
est pour eux le sujet de plaintes continuelles,
et la source de graves inconvéniens. On pourra
établir dans les grandes villes du royaume un
ou deux censeurs chargés de surveiller ce qui
s'imprimera dans des arrondissemens d'une
certaine étendue ; cette mesure, en rendant
prompte et facile partout l'impression de ce
qu'on jugera à propos de permettre, pré-
viendra tout mécontentement, hâtera les
progrès de la raison ; et quant à ce qu'on
croira devoir suspendre, comme cette suspension entraînera nécessairement des retards,
il importera beaucoup moins qu'elle ne puisse
être levée ou confirmée qu'à Paris, où il faut
bien que soient portées, dans un grand
nombre de cas, les affaires des provinces.

Enfin la police de l'imprimerie et de la
librairie même devra être l'objet de réglemens dans le détail desquels je ne puis ni ne
dois entrer ici, mais qui ne sont pas d'une

médiocre importance : il y aura quelques réglemens à faire ; il y en aura surtout beaucoup à supprimer ; la tendance de la machine en général est si mauvaise, qu'il est indispensable de la changer ; et les intérêts du commerce, ainsi que ceux de la raison, devront être soigneusement consultés dans la nouvelle organisation qui décidera si le nombre des imprimeurs et des libraires doit être ou non fixé dans de certaines limites ; s'il y aura ou non des droits à payer pour l'entrée des livres étrangers ; quels seront ces droits, si, ce qui ne me paroît pas désirable, l'on juge à propos d'en établir, etc., etc.

Tels sont, si je ne me trompe, les divers objets qui doivent être pris en considération dans la loi relative à *la liberté de la presse ;* loi fondamentale qui ne peut être considérée comme un simple réglement d'administration, puisqu'elle est intimement liée aux droits les plus sacrés des sujets, et aux plus graves intérêts de l'Etat. Etablie par le concours des trois autorités législatives, mise en exécution par les délégués du monarque, maintenue et protégée par une commission où se trouveront réunis les trois pouvoirs, elle offrira aux citoyens une garantie de leur liberté et de leur repos, qui peut seule leur inspirer une juste confiance : et, je ne saurois trop le redire, cette confiance est nécessaire; sans elle on ne verra renaître en France ni bonne intelligence, ni esprit public; pour faire cause commune avec son gouvernement, pour se soumettre volontiers à des sacrifices indispensables, pour reprendre quelque dévouement et quelque énergie, la nation a besoin de se croire bien instruite et libre ; si elle craignoit d'être encore trompée ou laissée dans l'ignorance sur ses plus chers intérêts, la méfiance s'empareroit bientôt des hommes éclairés, et l'insouciance, de la généralité des citoyens. De là naîtroient des obstacles continuellement opposés aux meilleures intentions, aux plus utiles projets du gouvernement; il est des époques où l'apathie ne seroit pas moins funeste que l'insubordination ; c'est de ces deux dangers que nous avons aujourd'hui à nous défendre. La France a également besoin de repos et d'esprit public ; le repos nous rendra ce qui constitue, pour ainsi dire, la vie physique d'une nation, la population, la richesse, le bien-être de toutes les classes de la société :

l'esprit public nous fera renaître à cette vie morale que nous avons si honteusement perdue; les idées saines, les sentimens généreux reprendront une influence naguères partout comprimée, et presque partout éteinte; la nation enfin, se sentant revivre en quelque sorte sous les auspices d'un Gouvernement moral et protecteur, retrouvera cet amour pour son chef, ce zèle pour la chose publique, cette sécurité et cette vigilance, unique base d'un bonheur solide, unique source d'une véritable gloire.

L'espérance d'un avenir si doux peut seule nous consoler de la tristesse du passé : qu'on me pardonne de n'avoir pas cherché à dissimuler ce qui peut rester encore de cette tristesse, d'avoir parlé sans détour de nos maux et de leurs funestes effets : pour guérir ces maux, il faut les connoître ; et si jamais la vérité fut nécessaire aux peuples et aux rois, c'est au sortir d'une époque où sa voix a été constamment étouffée, où un despote qui ne vouloit ni l'entendre ni la dire, n'a admis auprès du trône que l'adulation, et n'en a laissé émaner que le mensonge.